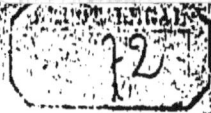

MONSTRE ET ROLE

DES

GENTILSHOMMES

DU

Bailliage d'Amiens

AU BAN ET ARRIÈRE-BAN

1639 ET 1675

PUBLIÉS

PAR LE Cᵗᵉ A. DE LOUVENCOURT

———— ✦ ————

ABBEVILLE

IMPRIMERIE A. LAFOSSE

1910

146

MONSTRE ET ROLE

DES

GENTILSHOMMES

DU

Bailliage d'Amiens

AU BAN ET ARRIÈRE-BAN

1639 ET 1675

PUBLIÉS

PAR LE Cᵀᴱ A. ᴅᴇ LOUVENCOURT

ABBEVILLE
IMPRIMERIE A. LAFOSSE
1910

Parmi les nombreux manuscrits conservés aux archives du département de la Somme à Amiens, il s'en trouve plusieurs concernant les convocations aux bans et arrière-bans de Picardie au XVIIᵉ siècle ; ceux que je publie ici m'ont paru des plus intéressants par les détails qu'ils contiennent sur la position des gentilshommes de cette époque, qui tous se déclaraient prêts quand même pour le service du roi, c'est-à-dire de la France.

Cᵀᴱ DE L.

Abbeville, 30 Décembre 1909.

MONSTRE

DU BAN ET ARRIÈRE-BAN

DES GENTILSHOMMES DU BAILLIAGE D'AMIENS

Faite le 15 Mai 1639 [1]

L'an mil six cent trente-neuf, le quinziesme jour de may, par devant nous Nicolas Le Roy, escuier, seigneur de Jumelle, conseiller du Roy en ses conseils, lieutenant général au bailliage d'Amiens, en la présence de Jehan Pecoul, greffier civil dudict bailliage, s'est présenté M. Guillaume De Lattre, procureur du Roy audict bailliage, lequel nous a dict et remonstré que par lettres patentes de Sa Majesté données à Saint-Germain-en-Laye le sixiesme febvrier dernier, signées Louis, et plus bas par le Roy Phelippeaux et scellées de cire jaulne, adressantes a monsieur le bailly d'Amiens ou a nous son lieutenant général audict bailliage, sa dicte Majesté veult et entend que la convocation du ban et arrière-ban soit faite dans l'estendue de son roiaulme, et pour quoy il nous est mandé et ordonné de faire enregistrer et publier à son de trompe dans tous les endroitz de nostre juridiction les règlemens faictz par sa dicte Majesté tant en l'année XVIe trente-cinq que en la présente année, avecq les

1. Archives départementales de la Somme, B, 333.

lettres pattentes et que en exécution d'icelles, il soit par en même temps faict commandement de par sa dicte Majesté, a tous nobles vassaux et autres subjectz aud. ban et arrière-ban, de se trouver en la principalle ville de ce ressort, au temps porté par le dernier réglement, quy est ce jourd'huy, pour ensuite après leur monstre faicte, a se rendre en esquipages requis où il leur sera ordonné, conformément a quoy lesd. réglemens et lettres pattentes ont esté leues et publiés en l'auditoire dud. bailliage, l'audience tenante et par les carfours et lieux ordinaires et acoustumez en lad. ville d'Amiens a son de trompe, le XXIIIᵉ jour dud. mois de febvrier et enregistré au registre aux chartres dud. bailliage et coppies de l'ordonnance de mgr le duc de Chaulnes, pair et maressal de France, gouverneur et lieutenant général pour le Roy en la province de Picardie, gouverneur et bailly d'Amiens, touchant lad. convocation envoiée aux prévostz de ce ressort pour estre leue, publiée et enregistrée, ce quy a aussy esté faict selon qu'il appert par les certifficatz des greffiers desd. prévostez.

Et d'aultant que la première monstre ce doibt faire ce dict jourd'huy quinziesme may, requeroit qu'il nous pleust nous transporter dans l'auditoire dud. bailliage pour estre faict et dressé ung roolle des comparans a ce qu'il luy auroit.

Ce faict nous nous sommes acheminez aud. auditoire avecq led. Delattre, procureur du Roy, et led. Pecoul, greffier, ou estant aurions trouvé aud. auditoire :

Charles de Boufflers[1], escuier, seigneur de Remiencourt, et François de Sacquespée[2], escuier, seigneur de Thésy, lesquels nous ont requis acte de leur comparution et submission de satisfaire aux déclaracions de Sa Majesté.

1. Fils d'Adrien de Boufflers, dit le Jeune, seigneur de Remiencourt, Laval, etc., et d'Antoinette le Sellier, dame de Prouzel et de Plachy.

2. Fils de Philippe de Sacquespée, seigneur de Thézy, Berteaucourt-lès-Thennes, etc., et d'Antoinette des Groiselliers.

Se seroit présenté Claude Goesdon, geollier de la consiergerie de ce bailliage, lequel nous a remonstré qu'il auroit ordre de nous declarer de la part du seigneur de Pont-de-Metz [1], détenu prisonnier, qu'il s'offrait de servir Sa Majesté.

Et le xvII[e] jour dud. mois,

Jean Louvel [2], escuier, seigneur de Glisy, se seroit aussy submis de satisfaire aux déclaracions et ordres de Sa Majesté.

Comme aussy auroient faict les persones quy ensuivent :

Premièrement, Anthoine des Essars [3], escuier, seigneur de Lanchères ;

Jacques des Essars, escuier, seigneur d'Aubigny et Hérencourt, son nepveu ;

Mre Charles de Warluzel [4], chevalier, seigneur de Béhencourt ;

François Le Prévost [5], escuier, seigneur de Saleu ;

Estienne de Roussé [6], escuier, seigneur de Saincte-Cler et d'Escarbotin ;

1. Jean de Belloy, seigneur du Pont-de-Metz, Beauvoir et le Cardonnoy, marié à Elisabeth de Montmorency, de Bours ; fils d'autre Jean de Belloy, seigneur dudit lieu, Beauvoir et Pont-de-Metz, et d'Anne de Carvoisin, d'Achy.

2. Fils aîné de François Louvel, seigneur de Glisy, Milly, la Cour d'Auneuil, et de Louise le Fournier de Wargemont ; il fut major de la ville d'Amiens.

3. Fils ou petit-fils d'autre Antoine des Essars, seigneur d'Aubigny, et de Catherine de Haudecoustre, dame de Lanchères, Elincourt, Béhencourt, le Mesnil et Feuquières.

4. Capitaine de 50 chevaux, fils d'autre Charles de Warluzel, seigneur de Béhencourt, Floringuezelles, Neufchâtel en Boulonnais, etc., et de Barbe des Essars, de Lignières.

5. Fils aîné de Philippe le Prévost, seigneur de Pendé, Ribeauville, etc., et de Suzanne de Boileau, dame de Saleux, Glimont et Martimont, sa deuxième femme.

6. Chevalier de l'ordre de Saint-Michel, fils d'Anne de Roussé, seigneur de Saint-Cler, Saint-Quentin, Beaulevrier, etc., et d'Anne de Calonne, dame de la baronnie d'Alembon.

François Louvel [1], escuier, seigneur de Flers ;

Jacques de Louvencourt [2], escuier, seigneur de Pissy et Pierrecleuée ;

Jehan Cossette [3], escuier, seigneur de Bonnecourt, a représenté son ancien aage ;

Jehan Dippre [4], escuier, seigneur de Fluy en partie ;

Henry de Saveuse [5], chevalier, seigneur de Bougainville ;

Jehan Vetus [6], escuier, seigneur de Lisle ;

Jehan d'Aboval [7], escuier, seigneur de Bacouël ;

Mre Nicolas du Caurel [8], chevalier, seigneur de Taigny ;

Jacques Picquet [9], escuier, seigneur de Belloy (sur-Somme) ;

François de Goeuluy [10]; escuier, seigneur de Rumigny ;

1. Fils de Pierre Louvel, seigneur de Flers (sur-Noye), la Warde-Mauger, la pairie de Fontaine-sur-Maye, et de Marie du Souich, de la Ferrière.

2. Fils de Charles de Louvencourt, seigneur de Pissy, Pierrecleuée, Bretencourt, etc., gentilhomme de la chambre du roi, et de Marguerite Picquet, de Dourier.

3. Sans doute Jehan Cossette, marié à Antoinette Le Grand, père de Jacqueline et de Marguerite. (De Rosny, *Recherches généalogiques*).

4. Capitaine au régiment d'Épagny en 1634, fils de Jacques d'Yppre, seigneur de Maupin, Fluy en partie, et de Suzanne de Gargan, de Rollepot.

5. Fils de Louis de Saveuse, seigneur de Bougainville, Coisy, etc., capitaine de cent hommes d'armes, gouverneur d'Étaples, et d'Anne de Hélin.

6. Conseiller au bailliage d'Amiens en 1621, fils de Bénigne Vetus, seigneur de Fouencamps et du Quesnoy, prévôt des maréchaux en Picardie, et de Marie d'Ainval.

7. Fils d'Antoine d'Aboval, seigneur de Bacouël, Hautmarest, etc., et de Marie du Bos.

8. Peut-être fils de Jacques du Caurel, seigneur de Taisnil, et de Marguerite de Saint-Blimont, dame de Ponthoile.

9. Capitaine de chevau-légers en 1652, fils de Balthazar Picquet, seigneur d'Aigumont, chevalier de l'ordre du roi, maréchal de camp, lieutenant de roi de la ville d'Amiens, et de Marie Le Prévost, de Ribeauville.

10. Fils d'autre François de Goeulluy, seigneur de Rumigny, et d'Adrienne de Saisseval.

Charles Prévost [1], escuier, seigneur de Sanguine ;

Simon des Préaux, escuier, seigneur de Bos Roussel ;

Louis Queret [2], escuier, seigneur de Rionville ;

Le s[r] de Longuemort [3], escuier, seigneur dudit lieu ;

Le s[r] de Maillefeu [4], escuier, seigneur des Alleux ;

Emmanuel de Belly [5], escuier, seigneur de Belalle ;

Charles de Saint-Dely [6], escuier, seigneur de Vaux ;

Ferry de Warluzel [7], escuier, seigneur Duvrencheux (Yvrencheux) ;

Hiérôme des Essars [8], escuier, seigneur de Hamelet ;

Anthoine Tillette [9], escuier, seigneur du Mesnil-lez-Franleux ;

1. Charles Le Prévost, seigneur de Sanguines, Franleu, Noyelles-sur-Authie, etc., était fils d'Oudart Le Prévost, et de Jeanne de Damiette.

2. Fils d'Adrien Quiéret, seigneur du Quesnoy-lès-Airaines, et de Christine du Mesge.

3. Adrien du Maisniel, seigneur de Longuemort, la Fresnoye, Triconval, etc., capitaine de 100 hommes de pied en 1644, fils aîné de Pierre du Maisniel, seigneur des mêmes lieux, aussi capitaine de 100 hommes de pied, et de Charlotte de Mons.

4. Joachim de Maillefeu, seigneur d'Allinville, les Alleux et du Mesnil-lès-Domqueur en partie, fils puîné de Pierre de Maillefeu, seigneur de Tœuffles, Bouillancourt-sur-Miannay, etc., et de Claire aux Cousteaux.

5. Emmanuel de Belloy, seigneur de Vercourt et d'Hallivillers, fils d'Antoine de Belloy, seigneur de Vercourt, et de Jossine de Beaufort.

6. Fils aîné d'autre Charles de Saint-Delis, seigneur d'Aubigny, et de Charlotte Hannicque.

7. Marié à Nicole de Grambus, dame dudit lieu et d'Yvrencheux, fils de Gaude de Warluzel, seigneur d'Étinehem.

8. Quatrième fils de Charles des Essars, seigneur de Meigneux, gentilhomme de la chambre du roi, capitaine de 50 hommes d'armes, gouverneur d'Étaples et de Montreuil-sur-Mer, et de Jeanne de Joigny, dame de Bréxent.

9. Lieutenant au régiment d'Hocquincourt, fils cadet d'Antoine Tillette, seigneur de Mautort, gentilhomme du comte de Soissons et d'Antoinette Rohault, dame de Grandval, Cambron, etc.

Geffroy Picquet[1], escuier, seigneur d'Avelesge ;

Gédéon Picquet[2], escuier, seigneur de Méricourt (en Vimeu) ;

Joachim Josse, à cause de son fief situé à Lespinoy, prévosté de Vimeu ;

André de Saint-Blimond[3], chevalier, seigneur dudit lieu, baron d'Ordre ;

Philippe Lejeune, escuier, seigneur de Rozière ;

Charles du Gard[4], escuier, seigneur de Méricourt (sur-Somme), à cause de fiefs sis à Tilloloy ;

Jacques de Coppequesne[5], escuier, seigneur de Friville ;

Antoine de Belleval[6], escuier, seigneur d'Angerville, à cause de son fief d'Emonville ;

Charles de la Haye[7], escuier, seigneur de Banna (Bainast);

Aloph de Coppequesne[8], escuier, seigneur de Bezonville ;

---

1. Fils aîné de Gédéon Picquet, seigneur d'Avelesges, capitaine d'Aumale, lieutenant de la compagnie du seigneur de Brosses, et de Jeanne le Roy, d'Huville.

2. Aussi seigneur de Hault et de Vaudricourt, lieutenant au régiment de Fouquerolles, fils de Louis Picquet, seigneur de Mericourt-en-Vimeu, et de Françoise Boussart.

3. Capitaine de chevau-légers, fils d'autre André, seigneur de Saint-Blimond, Gouy, Cahon, etc., gentilhomme de la chambre du roi, et de Marguerite de Saveuse.

4. Fils unique d'Antoine du Gard, seigneur de Méricourt, Cappy, Fresneville, Mervilliers, le Saulchoy, Tilloloy-en-Vimeu, etc., et de Charlotte d'Aumale, d'Haucourt.

5. Capitaine au régiment de Lannoy, fils aîné de Gilles de Coppequesne, seigneur de Bazonville, Fressenneville, Friville, Feuquières et Monchaux en partie, capitaine de 100 hommes de pied, mestre de camp d'infanterie, et d'Anne Tillette, de Mautort.

6. Fils de Pierre de Belleval, seigneur d'Angerville, Senarmont, Longuemort, etc., et de Françoise de la Haye.

7. Fils d'Antoine de la Haye, seigneur de Bainast.

8. Frère cadet de Jacques de Coppequesne, seigneur de Friville ci-dessus cité.

François de Gommer [1], escuier, seigneur de Quevauviller ;

Jehan d'Aubemalle [2], escuier, seigneur du Quesnoy et Boisrault ;

Pierre d'Aubeterre, baron de Crésecques [3], seigneur de Lanches ;

Georges de Court [4], escuier, seigneur de Cocquerel et Bailleul ;

César Botru [5], escuier, seigneur de la Poterie, à cause du fief situé à Citerne ;

François de Friaucourt [6], escuier, seigneur de Lisle ;

Anthoine de Vaudricourt [7], escuier, seigneur d'Allenay ;

Jehan de Sacquespée [8], escuier, seigneur de Selincourt ;

Messire Jehan de Grouche [9], chevalier, baron de Cheppy, à cause de Huppy, Saint-Maxent, Cheppy et Limeu et la terre du Bois Jehan ;

1. Fils de Joachim de Gomer, seigneur de Quevauvillers, Hinneville, Le Quesnel, Gratibus, etc, etc., et d'Elisabeth de Gourlay.

2. Fils de François d'Aumale, seigneur du Quesnoy, Boubers, Lignières et le Saulchoy, et de Michelle de Gadimez.

3. En 1612, la baronnie de Crésecques appartenait à Antoine d'Ardres, seigneur de Lincheux et, vers 1650, elle appartenait à Antoine de Bie.-court, seigneur de Poutrincourt et de Chauvincourt.

4. Fils d'Adrien et de Jeanne Pappin, dame de Cocquerel et Bailleul.

5. Bautru, famille d'Anjou.

6. Fils d'autre François de Friaucourt ou de Frieucourt, seigneur de Lisle, Tully et Saint-Hilaire, et d'Hélène de Louvencourt.

7. Fils de Charles de Vaudricourt, seigneur d'Allenay et Pongerville, et de Catherine de Pocholles.

8. Fils aîné de Gilles de Sacquespée, seigneur de Selincourt, Bussy-lès-Daours et la Vallée, écuyer du duc de Nemours, et de Marguerite de Maupin.

9. Gentilhomme ordinaire de la chambre du roi, capitaine de 50 hommes d'armes, fils aîné de Robert de Grouches, seigneur dudit lieu, Gribeauval, etc., gentilhomme de la chambre du roi, chevalier de son ordre, et de Claude de Girard.

Charles Carpentin [1], escuier, seigneur du Mesnil ;

François de Polhoy [2], escuier, seigneur de Mauriaville ;

Claude de Chastelet [3], chevalier, seigneur de Moiencourt ;

Laurent de Chastelet [4], chevalier, seigneur de Fresnière ;

André de Lestoille [5], escuier, seigneur de Bréville, à cause d'un fief scitué à Huppy, consistant en xxiii journaux de terre ;

Anthoine de Lestoille [6], escuier, seigneur de Frenneville, à cause d'un petit fief appelé Damiette [7]. consistant en iiii livres x sols de censives ;

Jehan Desmarest [8], escuier, seigneur d'Evelois (Ervelois), à cause du fief d'Amelins ;

Gédéon d'Acheu [9], escuier, seigneur du Plouich ;

Jephté de Rambures [10], escuier, seigneur de Brennecourt (Branhcourt-lès-Estrées) ;

1. Fils cadet de Jean Carpentin, seigneur du Mesnil-lès-Surcamp, Fransu en partie, le Franc-Fief, etc., et de Jeanne Bigant, de Carroix.

2. Fils aîné de Thibaut de Polhoy, seigneur de Ponthoiles, et de Marguerite le Fuzelier, dame d'Offouël et de Tasserville.

3. Chevalier de l'ordre du roi et gentilhomme ordinaire de sa chambre, fils aîné de Claude de Chastelet, seigneur de Moyencourt, Vadencourt, Saint-Romain, Lentilly, Fresnière, etc., et de Louise de la Chaussée.

4. Baron de Méry, seigneur de Frenière, Sevigny, Auviller, etc., lieutenant de la compagnie des gens d'armes du duc de Longueville en 1622, frère puîné du précédent.

5. Fils aîné de Jean de Lestoille, seigneur de la Callois, et de Charlotte de la Haye.

6. Fils aîné de Jacques de Lestoille, seigneur de Beaufresne, et de Françoise de Lastre.

7. Damiette, fief audit Fresneville-lès-Oisemont.

8. M. de Belleval dit Jean des Mares, et qu'il laissa Ervelois à Pierre des Groisellers, son neveu.

9. Fils aîné de Paul d'Acheux, seigneur du Plouy-en-Vimeu, Sotteville, Haut-Pas, etc., et de Gabrielle d'Estourmel.

10. Fils aîné de François de Rambures, seigneur de Poireauville, et d'Élisabeth Le Conte de Nonant.

Anthoine de Saveuse [1], chevalier, seigneur de Thoisy (Coisy);

Louis Le Vasseur [2], escuier, seigneur de Nully (Neuilly-le-Dien);

Tous lesdits s[rs] se sont submis de satisfaire aux déclarations et exécutter les ordres de Sa Majesré;

Ensuit les noms de ceux quy ont représenté qu'ils ont excuse légitime suivant la déclaration de Sa Majesté. Scavoir :

François Louvel [3], escuier, seigneur de Fresne (lès-Oisemont), que son fils est dans l'employ au régiment de Rambures;

Pierre de Callonne [4], escuier, seigneur d'Avesne, a dict que Oudart de Calonne, son fils, est dans l'employ au siège de Hesdin;

Claude d'Acheu [5], seigneur de Bienfay, que son fils aisné est dans l'armée, et le second disposé à servir;.

Le sieur de Reval [6], escuier, seigneur de Harcelaine, a représenté que son fils est lieutenant au régiment d'Espaigny;

1. Lieutenant d'une compagnie des gardes du corps sous le marquis de Mouy. Fils puiné de Josse de Saveuse, seigneur de Bougainville, Coisy, Poulainville, Cardonnette, etc., premier capitaine du régiment de Picardie,. et de Suzanne d'Acheux, sa deuxième femme.

2. Fils d'autre Louis Le Vasseur, seigneur de Neuilly-le-Dien, et de Marie le Blond.

3. Fils d'autre François Louvel, seigneur de Fresne, Froyennes, etc., et de Marguerite de Saisseval, de Marconnelles.

4. Fils de Jean de Calonne, seigneur d'Avesnes, Pommereuil, etc., et de Françoise Cornu.

5. Fils cadet de Louis d'Acheu, seigneur de Foucaucourt, Bienfay, Lignières et Wavans, gentilhomme ordinaire de Monsieur, frère du roi, et d'Antoinette de Gaudechart.

6. La seigneurie d'Harcelaines appartenait à cette époque à Hercule de Crény, qui avait pour fils Jacques de Crény, aussi seigneur d'Harcelaines.

François Truffier [1], escuier, seigneur d'Allenay, a représenté estre emploié aux cottes de la mer pour le service de Sa Majesté ;

Dam[elle] Magdelaine Héron [2], dame de Feuquerolles, a représenté qu'elle a deux de ses enfans dans l'employ, l'un au siège de Hesdin et l'autre en l'armée conduite par Monsieur de Chastillon ;

Robert de Scellier [3], escuier, seigneur de Frieulle, a déclaré que son fils est au régiment d'Espaigny en qualité de capitaine.

Le seigneur de Wargemont [4] a dict estre capitaine d'une compagnie de la milice au siège de Hesdin ;

La dame d'Esserteaux [5], a dict que son fils est au régiment des gardes sous le s[r] de Chaulnes ;

Le s[r] de Quevaviller Héricourt [6] a représenté que son fils est dans l'employ ;

La dam[elle] de Tilloloy [7] a déclaré que le s[r] de Tilloloy, son fils, est dans l'employ dans l'armée conduite par M. de

1. Capitaine de 100 hommes de pied, fils unique de Louis Truffier, seigneur d'Allenay, Port, le Festel, etc., et de Louise de Gourlay.

2. Veuve d'Antoine d'Ardres, seigneur de Feuquerolles.

3. Robert le Sellier dit de Han, seigneur de Frireules, Rosel et Pierregot-Festonval, fils de Guillaume, seigneur de Frireules, et de Jeanne Fournel, épousa Colombe de Rély, dont Charles, capitaine du régiment d'Épagny.

4. Aymar le Fournier, seigneur de Wargemont, Barlettes, Ribeaucourt, Houdencourt, etc., fils unique d'Antoine le Fournier, seigneur des mêmes lieux, et de Marie de Boubers, dame de Ribeaucourt.

5. Jeanne de Brouilly, veuve d'Imbert de Béry, seigneur d'Esserteaux, Buires, Treux, Dernencourt, Willecourt, etc., l'un des deux cents gentils-hommes de la maison du roi, et fille de Charles, seigneur de Balagny, et de Jeanne de Font..nes. Son fils était Louis de Bléry, tué à la bataille de Lens en 1648.

6. Claude de la Rue, seigneur de Quevauvillers, Gournay, Hinne-ville, etc., exempt des gardes de Monsieur, frère unique du roi, fils aîné de Charles de la Rue, seigneur de Quevauvillers, Héricourt, la Chapelle, etc., et de Marie de Fors, de Quiry.

7. Marguerite de la Fontaine, veuve de François de Riencourt, seigneur de Tilloloy et de Vaux.

, en la compagnie du s' D....rry, au régiment de Navarre ;

Oudart de Gueschart [1], escuier, demeurant au Tronchoy, a dict que son fils est au régiment du s' de Mont..., gouverneur de Rue ;

M'' Henry de Monthomer [2], chevalier, seigneur de Frucourt, qu'il est dans l'employ à la visite des chevaux de l'artillerie pour les vivres ;

Charles de Broully [3], escuier, seigneur de Blan......, qu'il est aagé de plus de soixante-dix ans ;

Anne d'Acheu [4], escuier, seigneur de Saint-Maxent, qu'il est dans l'employ soubz le seigneur le landegrave de Hessen ;

Le seigneur de la Cour d'Auneul [5], qu'il est de la compagnie de M' le comte de Tresme ;

---

1. Fils aîné d'autre Oudart de Gueschart, seigneur d'Escles, et de Tronchoy, et de Louise de Runes.

2. Fils aîné d'Oudart de Monthomer, seigneur de Frucourt, Doudelainville, Warcheville, etc., et de Catherine de Crésecques, dame de Marieux.

3. Charles de Broully, seigneur de Balagny, Villers-le-Héron, etc., fils d'Antoine et de Charlotte d'Aumale.

4. Fils de Paul d'Acheu, seigneur du Plouy, Sotteville, Hautpas, etc., et de Marguerite de Poix, sa deuxième femme.

5. Geoffroy Louvel, seigneur de la Cour d'Auneuil, enseigne de 100 hommes de pied à Péronne en 1626, deuxième fils de François Louvel, seigneur de Glisy, Archy, Milly, la Cour d'Auneuil, et de Claude Le Fèvre, de Septvaux.

ROOLLE DES GENTILSHOMMES

Lesquels sont comparus au Bailliage d'Amiens

Au mois de febvrier 1675 [1]

ET ONT FAICT OFFRE DE SERVIR AINSY QU'IL EN SUIT

Louis d'Averhoud [2], escuier, sieur de Remesnil [3],

Dit qu'il est prest de servir Sa Majesté, mais qu'il demeure audit lieu audelà de la rivière d'Authie, dans un lieu de contribution.

Adrien-François de Foucquesolle [4], escuier, sieur de Monstrelet [5],

Dit qu'il est prest de servir.

1. Archives départementales de la Somme, B. 337.

2. D'Averoult, ancienne famille originaire d'Artois, éteinte.

3. Remaisnil, commune, canton de Bernaville, arrondissement de Doullens ; la seigneurie relevait du roi à cause de Doullens.

4. Fils de François, seigneur des mêmes lieux, et d'Anne de Fallart, sa première femme.

5. Montrelet, commune, canton de Domart, arrondissement de Doullens. Les Fouquesolles ne possédaient que le quint d'un fief à Montrelet, appelé Montrelet-Rollepot ; ces deux fiefs avec celui de Montrelet-Plainval ou Mailly formaient la seigneurie, tenue de la châtellenie de Domart-en-Ponthieu, qui relevait du roi à cause du château de Beauquesne.

Nicolas-Pierre Le Bel, sieur de Chanterine, stipulant les droicts de Louis Le Bel[1], escuier, sieur de Beallecourt[2], mineur,

Dit qu'yceluy mineur est encore aux petites escolles et qu'il est prest de fournir un homme dans sa place pour faire le service qu'il serait tenu rendre.

Louis de Brossart[3], escuier, sieur de Monhu[4],

Dit qu'il est prest de servir personnellement soit dans l'arrière-ban soit dans l'armée.

Claude Blin[5], escuier, sieur de Bourdon[6],

Dit qu'il est prest de servir.

François des Champs, escuier, sieur d'Iseux[7],

Dit qu'il offre servir.

Nicolas le Roy de Forestel[8], escuier, sieur de Saint-Léger[9],

Dit qu'il est tout prest de servir Sa Majesté si elle luy commande.

Charles de Domqueur[10], escuier, sieur d'Arponville[11],

Dit qu'il est prest de servir.

1. Louis Le Bel était fils unique de Nicolas Le Bel, seigneur de Wiammeville et Béalcourt.

2. Béalcourt, commune, canton de Bernaville, arrondissement de Doullens, la seigneurie mouvant comme celle de Montrelet.

3. De Brossart, ancienne famille originaire de Normandie.

4. Monthue, fief à Prouville, canton de Bernaville, arrondissement de Doullens.

5. Fils d'Antoine et de Madeleine Bertin, dame de Bourdon.

6. Bourdon, commune, canton de Picquigny, arrondissement d'Amiens; la seigneurie de Bourdon-Bertin était membre de la vicomté de Domart.

7. Iseux, commune, canton de Picquigny, arrondissement d'Amiens; sa seigneurie était de la prévôté de Beauquesne, élection de Doullens.

8. Fils de Nicolas Le Roy, seigneur de Jumelles, Forestel, etc., lieutenant général du bailliage d'Amiens, conseiller du roi en ses conseils, et de Marguerite de Cottereau.

9. Saint-Léger-lès-Domart, commune, canton de Domart, arrondissement de Doullens, était en Ponthieu.

10. Domqueur ou Doncœur, ancienne famille du Ponthieu, éteinte.

11. Harponville, commune, canton d'Acheux, arrondissement de Doullens.

Henry-Louis de Carbonnel[1], escuier, sieur d'Hierville[2],

Dit qu'il a toujours servy le roy et qu'il est dans la délibération de prendre présentement employ pour le service de Sa Majesté n'aiant pas de bien suffisant pour se mettre en campagne.

Dame Charlotte de Montebenne[3], vefve de messire René de Mailly, comte de Mailly[4], tant en son nom que de tutrice de son fils mineur,

Dit qu'elle accorde de fournir et livrer à ses frais et despens, un homme monté et équipé pour le service du ban au lieu d'elle et de son dit mineur,

Antoine Le Vasseur[5], escuier, sieur de Neuilly-le-Dien[6].

Dit que Louis [le] Vasseur, escuier, sieur dudit lieu, son père, est incommodé et aagé de soixante-dix ans et qu'il est prest de servir Sa Majesté pour son père.

Nicolas Le Vasseur[7], escuier, sieur de Dourier[8],

Offre de servir.

---

1. Fils de Claude, seigneur de Lassus, Hierville, etc., capitaine au régiment de Chaulnes, et de Marie Le Mercier, d'Avesne.

2. Hierville, fief, commune de Varennes, canton d'Acheux, arrondissement de Doullens.

3. Charlotte de Montebenne, veuve de René, marquis de Mailly, et de Varennes, mort en 1662, et fille de Cyprien de Montebenne, seigneur de Hérissart, Arguèves, etc., maréchal des camps et armées du roi.

4. Mailly, commune, canton d'Acheux, arrondissement de Doullens, relevait du roi à cause de Péronne et ressortissait de la prévôté de cette ville.

5. Antoine Le Vasseur, fils de Louis et de Gabrielle de Béry.

6. Neuilly-le-Dien, commune, canton de Crécy, arrondissement d'Abbeville, était divisée entre la prévôté de Saint-Riquier et le bailliage de Crécy, la seigneurie relevant de la première relevait de la châtellenie de Beauval, tenue de Doullens.

7. Probablement Nicolas Le Vasseur, seigneur de Courtieux et d'Andainville, marié en 1640 à Nicole du Four.

8. Dourier ?, il y a eu plusieurs fiefs de ce nom.

Jean Le Fournier[1], escuier, sieur de Neufville[2],
Dit qu'il est prest de servir le Roy.

François Le Roy[3], escuier, sieur de Caumont[4],
Dit qu'il est prest de servir et que sa demeure est prez de la rivière d'Authie à une demie lieue prez.

André de Torcy[5], escuier, sieur de Caumont,
Dit qu'il a servy huit ans et qu'il est prest de monter à cheval pour le service du roy toutes les fois qu'il luy commandera, quoy qu'il ne soit retiré du service que depuis peu de temps, estant demeurant à une demie lieue de la rivière d'Authie, où il fait garde tous les jours.

Jacques Matifas[6], escuier, seigneur de la Salle[7],
Dit qu'il est prest de servir.

Louis Hannicque[8], escuier, sieur de la Mairie[9],
Dit qu'il est prest à servir.

1. Fils de René le Fournier, baron de Neuville.

2. Neuville-lès-Saint-Riquier, hameau de la commune d'Oneux, canton de Crécy-en-Ponthieu, arrondissement d'Abbeville; la seigneurie était située partie en Ponthieu, partie bailliage d'Amiens, cette dernière relevait de Doullens.

3. Fils d'autre François Le Roy, seigneur de Saint-Lau, Acquest et le Caurel, trésorier de France en la généralité d'Amiens, et de Catherine Fleurton.

4. Saint-Lau ou Saint-Lô, fief et ferme, commune de Maison-Ponthieu, canton de Crécy-en-Ponthieu, arrondissement d'Abbeville. Cette seigneurie était située partie en Ponthieu, partie bailliage d'Amiens; cette dernière relevait de Doullens.

5. André de Torcy, seigneur de Caumont et de Conteville en Normandie.

6. Jacques Mattifas était fils de Flour Mattifas aussi seigneur de la Salle.

7. La Salle, fief à Millencourt, canton de Nouvion-en-Ponthieu, tenu de l'abbaye de Saint-Riquier.

8. Fils de François Hannicque, seigneur du même lieu, et de Barbe du Gard.

9. Le fief de la Mairie relevait du comté de Corbie et était situé commune de

Pierre-Maximilien *(sic)*, écuier[1], sieur de Berteville[2],

Dit qu'il est prest à servir.

François Hannicque[3], escuier, sieur de Ronquerore[4],

Dit qu'il a deux enffans dans le service, François Hannicque, escuier, sieur de Ronquerore, sous-lieutenant, et Charles Hannicque, cadet dans la compagnie de Villepin à Bapaulme, et que si cette excuse n'était pas jugée suffisante il accorde de servir.

Jean de la Gautterie[5], escuier, sieur de Gand,

Dit qu'il est prest de servir le roy quand il luy plaira luy commander.

Jean de Cauroy[6], escuier, sieur de Sailly[7], demeure au petit Sailly sur la frontière,

Dit qu'il est prest de servir.

René de Sacquespée[8], escuier, sieur de Thésy[9],

Dit qu'il est prest de servir.

---

1. Pierre-Maximilien Le Prévost, fils unique de François, seigneur de Glimont, Berteville, Guiberville, Saleux, et d'Anne de Lisques.

2. Fief, commune de Valines, canton d'Ault, arrondissement d'Abbeville, relevant de la seigneurie dudit Valines.

3. Fils de François, seigneur de Vaux, et de Jacqueline Cosette, de Boucacourt.

4. Ronquerolles, fief situé commune de Hamelet, canton de Corbie, arrondissement d'Amiens.

5. Jean de la Gauterie avait épousé une demoiselle Hannicque de Ronquerolles.

6. ?

7. Sailly-le-Sec, canton de Bray-sur-Somme.

8. Fils de François de Sacquespée, seigneur de Thézy, Berteaucourt, Fouencamp, Noiremont et Fercourt, capitaine au régiment d'Épagny, et de Jeanne de Chambly.

9. Thézy-Glimont, commune, canton de Boves, arrondissement d'Amiens; cette seigneurie relevait du comté de Corbie, Antoinette de Greaeliers veuve de Philippe de Sacquespée, l'acheta le 17 août 1617 aux Chartreux d'Abbeville.

François Le Clercq [1], escuier, sieur de Montenois [2].

Charles de Fransure [3], escuier, sieur de Villers [4],

Dit qu'il [est] aagé de soixante-un ans, qu'il en a servy vingt et un et néanmoins sy le roy a besoin de luy est prest de monter à cheval, quoiqu'il eust une jambe cassée dans le service.

Louis Le Vasseur [5], escuier, sieur de Flers en partie [6],

Dit qu'il est prest de servir en luy donnant de quoy se mettre en équipage.

Geoffroy de Cagnet [7], escuier, sieur de Bougicourt [8],

Dit qu'il offre servir le roy en luy baillant de quoy se mettre en équipage.

Henry Le Roy [9], escuier, sieur de Jumelles [10],

Dit qu'il a servy dix à douze ans et qu'il est prest de servir.

---

1. Fils d'Antoine, seigneur de Bussy-lès-Poix, homme d'armes des ordonnances du roi, et de Madeleine de Maillefeu.

2. Montenoy, hameau, commune de Saint-Aubin, canton de Molliens-Vidame, arrondissement d'Amiens ; la seigneurie tenue de la baronnie de Picquigny en 6 fiefs nobles et 6 fiefs abrégés.

3. Fils de François de Fransures, seigneur dudit Villers, et de Françoise Le Flament.

4. Villers-Tournelles, commune, canton d'Ailly-sur-Noye, arrondissement de Montdidier ; la seigneurie relevait de celle de Chaussoy-Épagny.

5. Fils d'autre Louis Le Vasseur, seigneur de Neuilly-le-Dien, et de Françoise Gerlofs, sa première femme.

6. Flers-sur-Noye, commune, canton d'Ailly-sur-Noye, arrondissement de Montdidier ; la seigneurie est un fief de Boves, mais Louis Le Vasseur n'en était pas le principal seigneur.

7. Fils de François de Caignet, seigneur de Bougicourt, et de Marie d'Ainval ; il avait épousé Françoise Le Cointe, veuve d'Antoine du Chaussoy, sieur de la Mairie.

8. Bougicourt, peut-être Boussicourt, canton de Montdidier.

9. Marquis de Jumelles en février 1678, il était fils aîné de Jean Le Roy, seigneur dudit Jumelles, conseiller du roi en ses conseils, lieutenant général du bailliage d'Amiens, et de Françoise Le Marchand.

10. Jumelles, aujourd'hui Jumel, commune, canton d'Ailly-sur-Noye, arrondissement de Montdidier ; la seigneurie relevait de Boves.

François d'Inval[1], escuier, sieur dudit lieu,

Dit qu'il prétend estre exempt aiant deux fils à marier au service, Jérosme d'Inval, lieutenant au régiment de Conty, prisonnier de guerre à Luxembourg depuis deux mois, et Joachim d'Inval, volontaire dans ladite compagnie. Néanmoins offre de servir en luy baillant de quoy se mettre en équipage, son bien estant saisy réellement et baillé par bail judiciaire, pourquoy il ne jouit de son bien.

François de Louvencourt[2], escuier, sieur du Chaussoy[3],

A déclaré vouloir servir.

Jean des Marquette, escuier, sieur de Cocquerel[4],

Dit qu'il est prest de servir le roy en luy donnant de quoy se mettre en équipage, parce qu'il n'en a pas le moien.

Jacques de Conty, escuier, sieur de Forestel en partie[5],

Dit qu'il est prest de servir mais n'en a pas le moien.

Francois de Bouflers[6], escuier, sieur de Rouverel[7],

Dit qu'il est prest de servir.

1. Fils de Jean d'Ainval, seigneur de Hem-lès-Doullens, et de Madeleine de Pascourt.

2. Fils aîné de Jacques-Eustache de Louvencourt, seigneur de Pissy, Pierrecleuée, etc., et de Marie-Marguerite de Conty, dame du Saulchoy.

3. Chaussoy ou mieux Le Saulchoy, fief et habitation seigneuriale, commune de Clairy, canton de Molliens-Vidame, arrondissement d'Amiens.

4. Quel est ce fief de Cocquerel ?

5. Forestel, hameau, commune de La Boissière, canton et arrondissement de Montdidier.

6. Fils d'Artus de Boufflers, seigneur de Rouvrel et de Cuigy, et de Marie de Louvencourt.

7. Aujourd'hui Rouvrel, commune, canton d'Ailly-sur-Noye, arrondissement de Montdidier; la seigneurie était une pairie de Boves, tenue du comté de Corbie.

Charles Lagrené[1], escuier, sieur de Cavillon[2],
Dit qu'il est prest de servir quand le roy luy commandera.
Fussien de Mont, escuier,
. Dit qu'il est prest de servir, mais qu'il n'en a pas le moien.
Léonor d'Aboval[3], escuier,
Dit qu'il est prest à servir.
Philippe de Gueulluy[4], escuier, sieur de Rumesnil[5],
Dit qu'il est prest d'obéir aux ordres du roy.
Alexandre de Pinte[6], escuier, sieur de la Chapelle[7],
Dit qu'il est prest pour le service du roy.
Adrien de Caumont[8], escuier, sieur de Saint-Aubin[9],
Déclare qu'il a servy vingt-cinq ans, que son fils unique a esté tué au siège de Dol et qu'il est prest pour servir en ce que le roy le jugera capable.
Charles de Boufiers[10], escuier, seigneur de Remiencourt[11],
Déclare qu'il est prest pour servir Sa Majesté quand il luy plaira.

1. Fils de Jacques de Lagrené, seigneur de Cavillon, et de Charlotte de Langlois.
2. Cavillon, commune, canton de Picquigny, arrondissement d'Amiens.
3. Probablement fils de Jean d'Aboval, seigneur de Bacouël, et de Marie de Gargant.
4. Fils de François de Gueulluy, seigneur de Rumigny, et d'Antoinette de Famechon.
5. Rumigny et non Rumesnil, commune, canton de Boves, arrondissement d'Amiens: la seigneurie principale faisait partie du domaine de Boves; une autre relevait de Picquigny.
6. Fils de François Pinte, seigneur de la Chapelle et Rivière-lès-Conty, et de Marie de Calonne.
7. La Chapelle, commune, canton de Poix, arrondissement d'Amiens.
8. Fils d'autre Adrien, seigneur dudit Saint-Aubin, et d'Hélène de Prunier.
9. Saint-Aubin; il y a plusieurs fiefs de ce nom.
10. Fils de René de Boufiers, seigneur de Remiencourt, Dommartin, Laval, etc., et de Louise de Gaudechart.
11. Remiencourt, commune, canton de Boves, arrondissement d'Amiens; la seigneurie était tenue de Boves.

Claude de la Rue [1], escuier, seigneur de Quevauvillers [2],

Dit qu'il est prest d'obéir aux ordres du roy et de monter à cheval pour son service quand Sa Majesté luy ordonnera.

François du Chastelet [3], escuier, sieur de Moiencourt [4],

Dit qu'il accorde de faire le service en personne, se mettre en équipage et monter à cheval toutefois et quand il plaira à Sa Majesté.

Girard de Sercus [5], escuier, sieur de Courcelles [6],

Fait semblable déclaration.

Louis de Sercus [7], escuier, sieur de Saint-Delis [8],

Fait semblable déclaration.

Charles Moreau, escuier, sieur de Certon,

Dit qu'il est prest de servir.

Antoine d'Aire, escuier, sieur de Fercourt.

Déclare qu'il est prest de servir,

François-Auguste de la Forest, escuier, sieur de Fallencourt, cy devant major de Nancy,

1. Fils d'autre Claude, seigneur de Quevauvillers, Gournay, etc., et de Marie de Boniface.

2. Quevauvillers, commune, canton de Molliens-Vidame, arrondissement d'Amiens, seigneurie mouvante de la principauté de Poix; elle fut longtemps possédée par les de Gomer et les de la Rue.

3. Fils unique de Claude du Chastelet, seigneur et baron de Moyencourt, Vadencourt, Saint-Romain, Lentilly, etc., gentilhomme de la chambre du roi, chevalier de son ordre, et de Louise de Proissy.

4. Moyencourt, commune, canton de Poix, arrondissement d'Amiens, mouvant de la principauté de Poix.

5. Girard de Sarcus, fils aîné de Geoffroy, seigneur de Courcelles, Fosse-Bleuet, etc., et d'Anne Fravier, épousa Jeanne de Blottefière.

6. Courcelles-sous-Moyencourt, commune, canton de Poix, arrondissement d'Amiens; la seigneurie était mouvante de la principauté de Poix.

7. Louis de Sarcus, seigneur de Saint-Delis, était frère puîné du précédent.

8. Saint-Delis, aujourd'hui Sentelie, commune, canton de Conty, arrondissement d'Amiens; la seigneurie relevait de la châtellenie de Conty, et était de la prévôté du Beauvaisis, bailliage d'Amiens.

Dit qu'il est aagé de soixante-dix-huit ans, qu'il ne peult facilement servir à cause de ses incommoditez et de son grand aage aiant servy trentre-cinq ans, néanmoins offre son service au roy.

. Nicolas de Sainct-Blimont [1], escuier, sieur de Retonval [2],

Offre faire servir Florimond de Saint-Blimont, escuier, sieur de Louilly son fils, pour luy, mais qu'il n'a pas de bien pour le mettre en équipage, estant aagé de soixante-six ans.

Ferdinand-Lauren[t] Le Clercq [3], escuier, sieur de Zaleux [4],

Dit qu'il est fort infirme, que lorsqu'il sera en convalescence, il accorde de servir en luy fournissant de quoy se monter en équipage parce qu'il n'en a pas le moien.

Louis d'Offay [5], escuier, sieur de Rieu [6],

Dit que   resteront la déclaration faict par devant le bailly de Beauvais qu'il   ou il demeure d'estre de sa juridiction, qu'il a un fils apellé Jean d'Ofay, à marier, dans la compagnie du sieur marquis de Boufiers, collonel des dragons du roy, qu'il a servy vingt-deux ans et qu'il est prest de servir en luy baillant ce qu'il plaira au roy pour l'esquiper parce qu'il n'a pas le moien de le faire.

---

1. Fils d'autre Nicolas, aussi seigneur de Retonval, et de Marguerite de Saint-Blimont, de Souplicourt.

2. Retonval, fief à Bouillancourt-en-Séry, canton de Gamaches, mouvant de la seigneurie de Lambercourt.

3. Fils de Charles Le Clercq, seigneur de Zalleux.

4. Zaleux ou les Alleux, fief à Courcelles-sous-Thoix, canton de Conty, arrondissemfint d'Amiens ; tenu de la seigneurie de Breilly, qui relève de Picquigny.

5. Fils de Charles d'Offay, seigneur de Rieux, et de Marie Couquant, sa deuxième femme.

6. Rieux-Hamel, commune, canton de Grandvilliers, arrondissement de Beauvais (Oise).

Claude de Saisseval [1], escuier, sieur de Viéville [2],

Dit qu'il est prest à monter à cheval pour le service de Sa Majesté.

Messire Louis-Antoine du Prat [3], chevallier, marquis de Viteaux,

Dit qu'il se mettera en équipage pour le 1ᵉʳ avril 1675 pour le service personnel, soit au ban ou un autre employ militaire, comme il a faict touttes les campagnes dernières depuis la déclaration de la guerre.

François Carbonel [4], escuier, sieur de Fervillers [5], fils à marier, de Geoffroy de Carbonnel, escuier, seigneur d'Armanville,

Dit qu'il s'offre de servir pour son père aagé de soixante-trois ans qu'il ne peult plus servir ; estant monté et équipé ne luy manquant que de l'argent pour sa dépense son père n'en aiant pas pour luy en donner.

Nicolas de Fay [6], escuier, sieur de Fontaine [7],

Dit qu'il est prest de servir mais n'a de quoy se mettre en équipage et que s'y le roy veult luy donner de quoy servir il est prest n'aiant pour tout bien qu'un tiers de la ferme d'Ameline quy peult estre de revenu de cinquante livres pour ledit tiers.

1. Quatrième fils de François de Saisseval, seigneur de Pissy, Méraucourt, etc., et de Louise Poulet ; c'est de lui que sont issus les seigneurs et marquis de Feuquières-en-Vimeu.

2. Viefville ou Viéville, serait-ce la Viefville, canton d'Albert, arrondissement de Péronne, dont la seigneurie était de l'élection de Doullens, prévôté de Fouilloy, bailliage d'Amiens (Pringuez) ?

3. Fils d'Antoine du Prat, baron de Vitteaux et de Formeries, et de Claude des Barres, de Ruffey.

4. Fils de Geoffroy, seigneur d'Armanville, Mongival, Frévillers, etc., lieutenant au régiment d'Houdancourt, et d'Isabeau de Guaissart.

5. Quel est ce Fervillers ou Frévillers ?

6. Fils d'autre Nicolas de Fay, seigneur dudit Fontaine, et de Jacqueline du Perrin, dame d'Amelaine.

7. Fontaine-le-Sec, commune, canton d'Oisemont, arrondissement d'Amiens, la seigneurie relevait des châtellenies de Saint-Valery et de Gamaches, mouvant du bailliage d'Amiens.

François de Forceville [1], escuier, sieur de Forceville [2],
Dit qu'il est prest de servir.

François de Belloy [3], escuier, sieur de Beauvoir [4],
Dit qu'il est prest de servir quoy qu'agé de soixante ans.

Raimond de Serves, escuier, sieur de la Gorge [5],
Dit qu'il n'a aucun bien et accorde de servir en luy donnant de quoy subsister.

Louis Picquet [6], escuier, sieur du Chaussoy [7], fils de Gédéon Picquet, escuier, sieur d'Huville,
Dit qu'il est prest de servir au lieu de son père.

François de la Motte [8], escuier, sieur d'Ynneville [9],
Dit qu'il offre servir.

François Le Febvre [10], escuier, sieur de Milly [11],
Dit qu'il est prest de servir.

1. Fils de Léonor-René, seigneur de Forceville, Caix et Colembert, et d'Élisabeth Giroult.

2. Forceville, commune, canton d'Oisemont, arrondissement d'Amiens; la seigneurie de ce village n'a jamais cessé d'appartenir à la famille a laquelle elle a donnée son nom.

3. Fils de Jean de Belloy, seigneur de Beauvoir, Pont-de-Metz et Cardonnoy, et d'Élisabeth de Montmorency, de Bours.

4. Beauvoir, hameau, commune d'Hocquincourt, canton d'Hallencourt, arrondissement d'Abbeville.

5. Gorge, fief à Airaines.

6. Fils de Gédéon Picquet, seigneur du Méricourt, Vaudricourt, etc., et de Marie de Bacouël.

7. Le Chaussoy, ferme, commune de Tœufles, canton de Moyenneville, arrondissement d'Abbeville ; la seigneurie relevait de celle de Tœufles, mouvant de la châtellenie de Saint-Valery.

8. Fils de Pierre de la Mothe ou de la Motte, seigneur d'Himmeville et de la Hugue.

9. Himmeville et non Hinneville, hameau, commune du Quesnoy-le-Montant, canton de Moyenneville, arrondissement d'Abbeville; la seigneurie tenue de la châtellenie de Saint-Valery.

10. Fils de Jean, seigneur des Auteux, Milly, Ansenne, etc., et de Catherine Larcher.

11. Milly, hameau, commune de Doullens ; la seigneurie était tenue du château de Beauval.

Nicolas de Scellier[1], escuier, sieur de Frireure[2],

Dit qu'il offre servir.

Philippe de Riencourt[3], escuier, sieur d'Interville[4],

Prétend exemption à cause que François de Corbie, escuier, sieur de Villodier, fils de sa femme, a marier, est sous-lieutenant dans le régiment de Laonnois, offre en rapporter certificat et que s'il trouve que l'excuse ne soit suffisante, il est prest de servir.

Jean de Bellengreville[5], escuier, sieur de Bulleux[6],

Dit qu'il est aagé de soixante-treize à soixante-quatorze ans, néanmoins offre de servir.

Jean de Bellengreville[7], marquis dudit lieu,

Dit par son procureur, qu'il est blessé à la jambe, suivant le certificat qu'il rapporte du 30 janvier 1675 et qu'étant guéry il est prest de servir.

Jean l'Hiver[8], escuier, sieur de Boullencourt-en-Séry[9],

Dit qu'il est prest de servir.

1. Fils de Charles Le Scllier, dit de Han, seigneur de Frireules, et de Françoise le Moletier.

2. Frireules et non Frireures, hameau, commune d'Acheux, canton de Moyenneville, ressortissait de la prévôté de Vimeu au bailliage d'Amiens ; la seigneurie de Frireules en bailliage relevait de la Ferté-lès-Saint-Riquier.

3. Marié à Catherine de Huppy, il était fils puiné de François de Riencourt, seigneur de Tilloloy, Vaux, Arleux, Interville, et de Marguerite de la Fontaine, de Candore.

4. Interville.

5. Fils d'Antoine de Bellengreville, seigneur de Fresnoy-lès-Andainville, et de Catherine de Fontaines.

6. Bulleux, aujourd'hui Buleux, commune de Cérisy-Buleux, canton de Gamaches, arrondissement d'Abbeville ; la seigneurie était tenue de la châtellenie de Bailleul-en-Vimeu, qui relevait du bailliage d'Amiens.

7. Fils du précédent et de Claude de Mailly.

8. L'Yver et non l'Hiver, fils d'autre Jean l'Yver, seigneur de Bœncourt, Bouillancourt-en-Séry, etc., et d'Anne de Bellengreville.

9. Bouillancourt-en-Séry, commune, canton de Gamaches, arrondissement d'Abbeville ; la seigneurie était tenue en deux fiefs de la seigneurie de Saint-Valery.

Nicolas Danglos [1], escuier, sieur de Hamel [2],

Dit qu'il est prest d'obéir aux ordres du roy.

Jean des Meillier[s], escuier, sieur de Saint Jean [3],

Dit qu'il a servy quarante-cinq ans, que le roy lui a donné des lettres de noblesse, qu'il est aagé de soixante-quinze ans et que sy Sa Majesté le souhaitte il est prest de servir.

Jean Cornu [4], escuier, sieur d'Agicourr,

Dit qu'il est prest de monter à cheval pour servir le roy.

Henri de Riencourt [5], escuier,

Dit qu'il n'a aucun bien sauf [ce] qu'il appartient à sa femme, cent cinquante livres de rentes en terre, qu'il a servy dix ans ou il a mangé son bien et eu une jambe cassée, et offre de servir en luy donnant sa subsistance et de quoy se mettre en équipage.

Antoine de Belleval [6], escuier, demeurant à Thilloy [7],

Dit qu'il est prest de servir.

Antoine du Maisniel [8], escuier, sieur de Framecourt [9],

Offre de servir pourveu qu'on luy donne de quoy se

1. Danglos, famille maintenue dans sa noblesse par M. Bignon, intendant de Picardie, le 6 février 1700.

2. Hamel ?

3. Sans doute Saint-Jean-lès-Brocourt, bien que cette seigneurie fût possédée au xviie siècle, dit M. de Belleval, par les de May, puis les de Calonne.

4. Fils cadet d'Oudart Cornu, seigneur de Beaucamps-le-Vieux, et de Marie de Saint-Blimont; il est qualifié par Belleval de seigneur d'Agicourt, et de Fontaine-le-Sec, et épousa Marguerite de Monchy, de Vismes.

5. Seigneur de Villers et Lignières en partie, fils puîné de François, seigneur de Tilloloy, Vaux, Arleux, Interville, etc., et de Marguerite de la Fontaine, de Candore.

6. Fils d'Arnould, seigneur de Tilloy, et de Françoise Blondin.

7. Tilloy-Floriville, commune, canton de Gamaches, arrondissement d'Abbeville.

8. Fils puîné d'Adrien, seigneur de Longuemort et Triconval, et de Jeanne Louvel.

9. Hantecourt et non Framecourt.

mettre en équipage, et qu'on l'établis dans un régiment au lieu de celui de Sulembert (Schulemberg), qui a esté cassé, y aiant été enseigne deux ans et qu'il n'a aucun biens, celuy qu'il avoit aiant esté mangé dans le service.

François de Rambure[1], escuier, sieur d'Haudecoustre[2],
Dit qu'il est prest de servir.

Philippe de Rambure[3], escuier, sieur de Hulleux[4],
Dit qu'il est prest de servir.

Jean de Rambure[5], escuier, sieur de Haulterue[6],
Dit qu'il est prest de servir le roy lorsqu'il luy plaira luy commander.

Charles Routier[7], escuier, sieur des Prés,
Dit qu'il est prest de servir Sa Majesté lorsqu'elle luy commandera en luy baillant de quoy se mettre en équipage.

Louis de Cacheleu[8], escuier, sieur de Maisoncelle[9],
Dit qu'il est prest de servir Sa Majesté lorsqu'elle luy commandera.

Pierre du Bois[10], escuier, sieur de Neufville[11],
Dit qu'il est prest de servir.

1. Fils de Gédéon-François de Rambures, seigneur de Haudecoustre, et de Marie de Cannesson.

2. Haudecoustre, ce fief est disparu.

3. Fils aîné de Daniel de Rambures, seigneur de Hulleux, et de Sarah Buignette.

4. Hulleux, hameau, commune de Beauval, canton de Doullens.

5. Frère cadet du précédent.

6. Haulte Rûe, fief à Rue, arrondissement d'Abbeville.

7. Fils puîné de Philippe, seigneur de Bernapré, et de Gabrielle Desmarets.

8. Fils de Nicolas, seigneur de Maisoncelles, et de Madeleine Briet.

9. Maisoncelles, fief à Villeroy, canton d'Oisemont, arrondissement d'Abbeville.

10. Du Bos et non du Bois, fils ou frère de Louis du Bos, seigneur de Hamelet et de Neufville.

11. Il y avait plusieurs fiefs de ce nom en Vimeu, situés à Hocquélus, à Franleu et à Estrebeuf.

Charles Louvel [1], escuier, sieur de la Cour d'Auneuil [2],

Dit qu'il est prest de servir quoy qu'il soit incommodé en sa personne et en ses biens pour en avoir despensé la meilleure partie au service.

Antoine d'Acheu [3], escuier, sieur de Bienfay [4],

Dit qu'il est prest de servir Sa Majesté pourvueu qu'elle luy veuille donner de quoy se mettre en équipage n'aiant pas de quoy le faire à ses despens, qu'il n'a que quarante livres de revenu de ses biens ses dettes paiée et qu'il a mangé son bien au service au régiment de Piedmont et soubz le feu sieur de Montjeu.

Jean le Prévost [5], escuier, sieur de Rossigny [6],

Dit qu'il est aagé de soixante-deux ans prest à servir mais qu'il n'en a pas le moien ne possédant aucun bien.

Philippe de Bacouël [7], escuier, sieur de Sainneville [8],

Dit qu'il est prest à faire la campagne pour le service du roy et obéir à ses ordres telles qu'ils puissent estre.

1. Fils de Geoffroy, seigneur de la Cour d'Auneuil, et de Madeleine du Chemin, sa deuxième femme.

2. La Cour d'Auneuil, fief à Auneuil, arrondissement de Beauvais (Oise).

3. Fils de Louis d'Acheux, seigneur de Bienfay et de Wavrans, et de Suzanne de Bruxelles.

4. Bienfay, autrefois Guébienfay, hameau de la commune de Moyenneville, arrondissement d'Abbeville; la seigneurie, tenue de Saint-Valery, mouvait du bailliage d'Amiens.

5. Probablement fils de Philippe, seigneur de Pendé, et de Suzanne de Boileau, sa deuxième femme.

6. Rossigny, hameau et fief, commune de Pendé, canton de Saint-Valery, arrondissement d'Abbeville.

7. Fils de César, vicomte de Saigneville, seigneur d'Ionval, et de Élisabeth de Fretin, dame de Vron, Avesnes, Vercourt, etc.

8. Saigneville et non Senneville, canton de Saint-Valery, arrondissement d'Abbeville; la seigneurie se composait des fiefs d'Antoing, du Capitaine et de la Vicomté, le premier était tenu de Fressenneville, les deux autres de Gamaches.

Daniel de Rambure[1], escuier, sieur de Branlicourt[2],

Dit qu'il attend a tout moment sa commission pour une lieutenance de cavallerie et qu'il est prest d'obéir au roy et a ses ordres telles qu'ils puissent estre.

Henry de Dampierre[3], escuier, sieur de Millencourt[4],

Dit qu'il est prest d'obéir aux ordres du roy tel qu'il luy plaira ordonner et de se tenir prest pour son service et en état de le faire.

Geoffroy de Gaillard de Longjumeau[5], escuier, sieur de Tully[6].

Dit qu'il est prest de servir le roy suivant ses ordres en qualité de capitaine de cavallerie comme il a esté cy devant.

Charles-Clément du Vaux[7], escuier, sieur de Sauveterre,

Déclare qu'il est prest de servir.

François de Belleval[8], escuier, sieur de Floriville[9],

Dit qu'il est prest de servir le roy au ban.

1. Fils de Jephté de Rambures, seigneur de Poireauville, et de Madeleine de Wilart, sa seconde femme.

2. Branlicourt, ferme et fief, commune d'Estrées-lès-Crécy, canton de Crécy, arrondissement d'Abbeville; la seigneurie était tenue de l'abbaye de Saint-Riquier et mouvante de Maison-Ponthieu.

3. Fils d'Hémard, seigneur de Millencourt, Yzengremer, etc., et de Françoise Le Maître.

4. Millencourt, commune, canton de Nouvion, arrondissement d'Abbeville; les de Dampierre n'y possédaient pas la seigneurie mais un fief.

5. Deuxième fils de Louis, seigneur du Fayel, et de Barbe de Fontaines.

6. Tully, commune, canton d'Ault, arrondissement d'Abbeville; la partie de seigneurie appartenant aux Gaillard de Longjumeau était de l'élection d'Eu et relevait de l'abbaye de Saint-Valery.

7. Fils de François Clément du Wault, seigneur de Plainville, Gapennes, Monthières, etc., gentilhomme de la chambre du roi, maréchal de ses camps et armées, et de Madeleine Viole d'Athis.

8. Fils de Nicolas, seigneur de Floriville, et d'Élisabeth de Coppequesne.

9. Floriville, commune de Tilloy-Floriville, canton de Gamaches, arrondissement d'Abbeville; la seigneurie, tenue de Gamaches et du comté de Ponthieu, était entièrement en bailliage.

African de Lhiver [1], escuier, chevallier de Bouencourt [2],
Dit qu'il est prest de servir.

Nicolas de Belleval [3], escuier,

Dit que François de Belleval, escuier, sieur de Barbery [4],
son fils, porte le mousquet dans la garnison de Péronne
et qu'il est prest de servir Sa Majesté sy Sa Majesté luy
ordonne.

Claude Le Roy [5], escuier, sieur de Valanglart [6],

Dit qu'il est prest d'obéir aux ordres du roy et ce faisant
le servir au premier ordre qu'il en recevra.

François Le Roy [7], escuier, sieur de Moienneville [8],
Faict semblable déclaration.

Isaac de Mailloc [9], escuier, sieur de Tours [10],
Dit qu'il offre servir.

1. Certainement il doit-être ici question de Charles-Jean Lyver, fils de Jean, seigneur de Bœncourt, Bouillancourt-en-Séry, etc., et d'Anne de Bellengreville.

2. Bœncourt, hameau et fief, commune de Bében, canton de Moyenneville, arrondissement d'Ahbeville ; la seigneurie mouvait de Marcuil.

3. Fils cadet d'Antoine, seigneur d'Aigneville et de Barberie, et de Jeanne Caulier.

4. Barberie, fief, commune d'Hocquincourt, canton d'Hallencourt, arrondissement d'Abbeville, relevait de la seigneurie de la vicomté de Hocquincourt, tenue de la châtellenie de Bailleul-en-Vimeu.

5. Fils de René, seigneur de Moyenneville, Valanglart, etc., et de Renée des Landes.

6. Seigneurie, commune et canton de Moyenneville, arrondissement d'Abbeville, relevait de Saint-Valery et de Saint-Maxent.

7. Fils de Claude susnommé, et de Catherine d'Acheux.

8. Moyenneville, chef-lieu de canton, arrondissement d'Abbeville ; la seigneurie était en trois fiefs, l'un mouvant du fief de la vicomté de Saigneville.

9. Peut-être Pierre de Mailloc, seigneur d'Esmailleville, marié en 1638 à Marie de Monthomer.

10. Tours, commune du canton de Moyenneville, arrondissement d'Abbeville ; la seigneurie relevait de la châtellenie de Bailleul-en-Vimeu.

Antoine d'Ailly[1], escuier, sieur de Thiloloy[2],

Dit qu'il est prest de servir Sa Majesté en ce qu'elle lui ordonnera de faire.

Louis de Tronville[3], escuier, sieur de Mérélessart[4],

Dit qu'il est prest d'obéir aux ordres du roy.

Louis de Ballin[5], escuier, sieur dudit lieu[6],

Dit qu'il a servy vingt-deux ans depuy quoy il y a vingt ans qu'il est lieutenant au gouvernement de Corbie, a raison de laquelle charge il est couché sur l'estat, pourquoy il doibt estre exempt du ban, néanmoins voulant continuer aultant qu'il poura ses services, il est prest d'obéir à la volonté du roy et le supplie en considération de ses dits services de luy donner un employ convenable à celle de lieutenant de roy.

Jean-Baptiste Louvel[7], escuier, sieur de Louart[8],

Dit qu'il a servy et qu'il a esté obligé de quitter à cause de ses incommodités nottament d'une fraxion sur le genoux qu'y l'empêche de monter à cheval et néanmoins quoiqu'il n'ait aucun fief et peu de biens, il faira son possible pour obéir aux ordres du roy.

Jacques de Roussé[9], escuier, sieur d'Escarbottin[10],

1. Famille éteinte.
2. Serait-ce Tilloloy-en-Vimeu, commune de Fresne, canton d'Oisemont, arrondissement d'Abbeville. Un fief de ce nom existait aussi à Saint-Maxent.
3. Fils de Pierre, seigneur de Mérélessart, et de Jeanne de Fontaines.
4. Mérélessart, commune, canton d'Hallencourt, arrondissement d'Abbeville ; la seigneurie était tenue de l'abbaye de Saint-Valery.
5. Fils de Jean Ballen, dit du Titre, seigneur des fiefs de Huppy et Menchecourt-lès-Abbeville.
6. Un fief Balen existait à Gamaches.
7. Fils puîné de Geoffroy Louvel, seigneur de la Cour d'Auneuil, et de Madeleine du Chemin, sa deuxième femme.
8. Le Louart, fief, commune d'Oisemont, arrondissement d'Amiens.
9. Fils d'Étienne, seigneur de Saint-Clair, Escarbotin, etc., chevalier de l'ordre du roi, et de Françoise d'Ailly, de Montgeron.
10. Escarbotin aujourd'hui Friville-Escarbotin, commune, canton d'Ault, arrondissement d'Abbeville ; la seigneurie mouvait de celle de Bouillancourt-en-Séry.

Dit qu'il a servy et qu'il prétend mettre son fils unique, aagé de quinze ans, pour la campagne prochaine dans la compagnie d'Alembault au régiment de Guiméné (Guéménée) et que sy cela ne suffit, il offre de servir comme les autres gentilshommes et laquelle déclaration il fera à Abbeville dans le ressort duquel il est à présent demeurant, ce qui l'exempte de respondre a aucun autre bailliage.

Charles d'Ardre [1], escuier, sieur de Feuquerolle [2],

Dit quoy que aagé de soixante ans, qu'il est prest de servir aultant quy le poura et que Antoine d'Ardre, sieur du Quesnoy, son fils est cadet dans la compagnie de Cottebrune au régiment de Picardie.

Oudart-François de Vaudricourt [3], escuier, sieur d'Ivry [4],

Dit que le plus souvent il est dans l'infirmité et néanmoins offre faire ce qu'il plaira au roy luy ordonner.

François de Friaucourt [5], escuier, sieur de Seronville [6],

Dit que quoy qu'infirme il offre de suivre la volonté du roy.

Charles d'Ococh [7], escuier, sieur de Vuiteneglise [8],

Dit qu'il sera prest de servir le roy en ses armées, touttefois et quant quy luy plaira à commander.

1. Fils d'André, seigneur de Feuquerolles, et de Madeleine Héron.

2. Feuquerolles, hameau, commune de Feuquières, canton de Moyenneville, arrondissement d'Abbeville ; la seigneurie était tenue de la châtellenie de Cayeux-sur-Mer.

3. Fils d'Oudart, seigneur d'Ivry, et de Claude le Comte.

4. Ivry ?

5. Fils aîné de Charles de Friaucourt ou de Frieucourt, et de Marie de May, dame de Seronville.

6. Seronville, fief au Festel lès Oneux, tenu de la seigneurie dudit Festel.

7. Fils d'Antoine d'Occoch ou d'Occoches, seigneur de Framicourt et de Witaineglise, et de Madeleine du Clozel.

8. Witaineglise, hameau, commune de Framicourt, canton de Gamaches, arrondissement d'Abbeville ; la seigneurie principale appartenait à l'abbaye de Séry, mais une seigneurie secondaire et un fief relevaient de Bailleul-en-Vimeu.

Antoine de Belleval [1], escuier, sieur d'Angerville [2], fils
aîné d'Antoine de Belleval, escuier, sieur dudit Angerville,

Dit que son père est aagé de quatre-vingt-six ans et qu'il
est prest de servir pour et au lieu de son dit père.

Joachim le Prévost [3], escuier, sieur de la Ville-au-Bois [4],

Dit qu'il est disposé pour servir, qu'il n'a que fort peu de
biens qu'il ne luy permet pas de ce faire à cause que depuis
cinq à six ans il a eu deux fils dans le service, l'un mort et
l'autre blessé à Mastrich (Maestrich) et que la grelle est tombée
par deux fois sur ses grains l'année dernière, en sorte qu'a
peine depuis le temps il a subsisté aiant été contrainct
d'emprunter des graines pour faire des semences parties .....
peu de terres qu'il a eu bled et que tout son revenu n'est
au plus que de deux cens livres et de ..... rotures et est
chargé de son fils qui est revenu de Mastrich encore fort
incommodé de ses blessures et comme il ne peult trouver
argent à crédit qu'en luy faisant fournir sur son bien, ou
ainsy qu'il plaira au roy il est prest de servir.

Léonor le Cat [5], escuier, sieur de Bazancourt [6],

Dit qu'il offre de servir pourveu qu'il soit déchargé de la
condamnation d'amende prononcée contre luy par le lieutenant général de Beauvais nonobstant que monsieur de Bar,
gouverneur et bailly d'Amiens l'eust revendicquer aiant déjà
paié la somme de soixante-quinze livres et est poursuivy
pour autre semblable somme.

1. Fils d'Antoine, seigneur d'Angerville et de Tœuffles, mort en 1679,
âgé de quatre-vingt-neuf ans, et de Catherine de Monchy.

2. Angerville, fief, commune de Tœuffles, canton de Moyenneville,
arrondissement d'Abbeville.

3. Je ne sais à quelle famille appartenait Joachim Le Prévost.

4. La Ville-au-Bois, commune, canton de Rozoy-sur-Serre, arrondissement de Laon (Aisne).

5. Fils de Philippe Le Cat, seigneur de Bazancourt, élection de Beauvais.

6. Bazancourt, commune de Villers-Vermont, canton de Formerie,
arrondissement de Beauvais (Oise).

François de Marcastel[1], escuier, sieur de Doudiauville[2],

Dit qu'il ne peult donner sa déclaration qu'il n'eust été jugé avecq le bailly de Beauvais, que ladite terre d'Oudiauville est justiciable du bailliage d'Amiens et non de Beauvais, néanmoins dit que son procureur pourra déclarer qu'il accorde de se mettre en équipage au jour porté par les lettres patentes du roy à cause de sa demeure, qu'il faict présentement à Boutavent-la-Grange[3], diocèse d'Amiens.

Charles Louvel[4], escuier, sieur du Vivier[5],

Dit qu'il est prest et en estat de monter à cheval lorsque le roy le voulera.

Adrien Morel[6], escuier, sieur de Foucaucourt[7], demeurant à Amiens,

Dit qu'il offre de rendre le service auquel il peult estre tenu pour aultant que sa santé et ses biens luy pourrons permettre dont la plus grande partie est située sur la frontière.

Jean Dragon[8], escuier, sieur de Porizel[9], demeurant à Amiens,

Dit qu'il est prest de servir le roy quand il luy commandera.

1. De Mercastel, ancienne famille noble de Normandie, aujourd'hui éteinte.

2. Doudeauville, commune, canton de Gournay-en-Bray, arrondissement de Neufchâtel (Seine-Inférieure).

3. Boutavent, commune, canton de Formerie, arrondissement de Beauvais (Oise).

4. Fils puîné de François Louvel, seigneur de Glisy, et de Louise Le Fournier de Wargemont.

5. Vivier?

6. Quatrième fils de Claude Morel, seigneur de Cresmery, Herbecourt, Poullencourt, Foucaucourt, etc., et de Catherine de Collemont.

7. Foucaucourt, commune, canton de Chaulnes, arrondissement de Péronne.

8. Fils aîné d'Antoine, seigneur de Porizel, et d'Isabeau Fouache.

9. Porizel?

Jean Morel[1], escuier, sieur de Poullencourt[2], demeurant
à Amiens,

Offre de faire le même service que les gentilshommes
demeurans audit à Amiens peuvent estre obligés de faire.

Charles Morel[3], escuier, sieur d'Hébescourt[4], demeurant
à Amiens,

Dit qu'il offre de rendre au roy le service dont il peult
estre tenu en cas que sa maladie de laquelle il est depuis
deux ans le plus souvent détenu au lit et dans les remèdes,
suivant qu'il fera apparoir par le certifficat de son médecin
luy puisse permettre.

Antoine Briet[5], escuier, sieur de Doncqueurel[6], demeurant à Amiens,

Dit qu'il n'a aucun bien qu'une pension de cinq cens
livres de rente et qu'il est prest de servir en qualité de
lieutenant d'infanterie comme il a fait cy devant.

Charles Dragon[7], escuier, sieur de Réalon, de présent à
Amiens, conseiller du roy, esleu en l'élection de Doulens
(Doullens),

Dit qu'en ladite qualité il sert le roy, néanmoins qu'il est
prest de servir ou luy réservant sa charge pour sa vefve et
ses enffans.

1. Quatrième fils de Claude, seigneur de Cresmery, Poullencourt, etc.,
président du bailliage et siège présidial d'Amiens, conseiller du roi en ses
conseils, et de Jeanne de Herte.

2. Poullencourt, lieu aujourd'hui ruiné à Cartigny, arrondissement de
Péronne.

3. Fils puîné de Claude, seigneur de Crémery, Herbécourt, Poullencourt, Foucaucourt, etc., et de Catherine de Collemont.

4. Herbécourt, commune, canton de Roisel, arrondissement de Péronne.

5. Fils puîné de François, seigneur de Doncqueurel, Ailliel, etc., et de
Marie Rumet.

6. Domqueurel, hameau, commune de Domqueur, canton d'Ailly-le-
Clocher, arrondissement d'Abbeville ; ce fief est tenu de la seigneurie du
Plouy qui est une pairie de la châtellenie de la Ferté-lès-Saint-Riquier.

7. Deuxième fils d'Antoine, seigneur de Porisel, et d'Isabeau Fouache.

Louis Morel[1], escuier, sieur de Poullencourt en partie[2], demeurant à Amiens,

Dit qu'il offre de faire le service auquel il peult estre tenu en qualité de gentilhomme estant advancé en aage et fort incommodé en sa personne.

Gabriel de Mons[3], escuier, sieur d'Aumermont[4], demeurant à Amiens,

Offre, en cas que les nobles demeurant à Amiens, soient tenus et ne soient exempt du ban de servir en personne ou son fils en sa place suivant les ordres de Sa Majesté.

Jean Morel[5], escuier, demeurant à Amiens,

Dit qu'il a cy devant servy et que pour obéir aux ordres du roy il est prest de se remettre dans le service.

1. Deuxième fils de Claude, seigneur de Crémery, etc., et de Catherine de Collemont.

2. Poullencourt ou Pouilliencourt, lieu aujourd'hui ruiné à Cartigny, canton et arrondissement de Péronne.

3. Fils de Jean de Mons, seigneur d'Hédicourt, et de Honorée de Villers, sa deuxième femme.

4. Omermont, fief à Airaines, canton de Molliens-Vidame, arrondissement d'Amiens.

5. Fils puîné d'Adrien Morel, seigneur de Bécordel, Misery, Attilly, etc., conseiller au présidial d'Amiens, et d'Agnès de Heu.

MONSTRŒUIL

Claude de la Fontaine [1], chevallier d'Allencourt [2],
Dit qu'il ʾst prest de servir au ban ou il plaira au roy.
Louis du Bosquel [3], escuier, sieur de Bouville,
Dit qu'il est prest de servir Sa Majesté quand il sera commandé.

Jean de Heu, escuier, sieur de Biville,
Dit qu'il se soubmet au service et néanmoins comme il est aagé de soixante-onze à soixante-douze ans et qu'il a servy pendant qu'il a esté en aage et puissance ou il a receu des blessures qu'il le mettent hors destat de servir, il supplie Sa Majesté de le vouloir exempter du service.

Jean des Essarts [4], escuier, sieur de Marestot,
Dit que estant fort incomodé de santé et son aage qu'il ne luy permette pas de monter à cheval, il se rendroit en estat de servir comme il a toujours faict et néanmoins accorde de suivre les ordres du roy quy est supplié de considérer que les biens qu'il possède en fief sont dans le bailliage de Monstrœuil sy voisin des ennemis, n'en touche presque rien estant de notoriété publique que les espagnols ont bruslé depuis un mois plusieurs villages et maisons de ses voisins.

1. Fils puîné de Nicolas, seigneur de Verton-sur-Mer, la Motte, Verlinc-thun, vicomte d'Hallencourt, etc., et de Catherine de Roussé d'Alembon.

2. Hallencourt, chef-lieu de canton, arrondissement d'Abbeville.

3. Louis du Bosquel, seigneur de Fronville, était le troisième fils d'Emmanuel, seigneur de Gadimets et des Deux Airons; il épousa Jeanne de Harchies et mourut le 18 juillet 1691 à Brimeux.

4. Septième fils de Charles, seigneur de Meigneux, gouverneur d'Étaples et de Montreuil, capitaine de cinquante hommes d'armes, et de Jeanne de Joigny, baronne de Brexent.

Flourent de Tubeauville[1], escuier, sieur de la Rivière[2],

Dit qu'il est prest de servir et suplie le roy de le vouloir deschargé de la contribution d'aultant que le bien qu'il possède est exposé aux incursions des ennemis et qu'il jouist de sy peu de chose qu'il ne peut paier aucune contribution et néanmoins se soubmet aux ordres du roy.

Charles Wllart[3], escuier, sieur d'Estrées[4],

Dit que son fils aisné est dans le régiment d'infanterie du roy, lieutenant d'Allembon, néanmoins il servira quand Sa Majesté luy commandera.

Jacques Miton[5], escuier, sieur d'Arceline[6],

Dit qu'il est prest de servir.

Jacques Pellet[7], escuier, sieur de Warne[8],

Dit qu'il sert estant cadet dans la compagnie de monsieur le duc d'Elbeuf, commandé par le sieur de Rougemont et se remestant au surplus à la volonté du roy.

Philippe-Jacques-Bartolomé de Licq[9], baron dudit lieu[10],

Dit qu'il est prest de rendre service à Sa Majesté et suplie

1. Fils d'Antoine de Thubeauville, seigneur de la Rivière, et de Marie de Camoisson, sa deuxième femme.

2. La Rivière, fief vers Olinctun, paroisse de Wimille, arrondissement de Boulogne-sur-Mer (Pas-de-Calais).

3. Fils de François, seigneur de Romont, et de Marguerite de Joigny, dame d'Estrées.

4. Estrées, commune, canton d'Étaples, arrondissement de Montreuil-sur-Mer (Pas-de-Calais).

5. Fils de Laurent Miton (aujourd'hui de Mython), seigneur d'Hercelines, major des ville et citadelle de Montreuil, et de Madeleine de Heghes.

6. Arceline ou Hercelines.

7. Fils puîné de Julien Pelet, seigneur du Bus, et de Marguerite Prévost; cette famille est connue aujourd'hui sous le nom de de Pelet.

8. Warne?

9. Philippe-Charles-Barthélemy, marquis et seigneur de Licques.

10. Licques, canton de Guines, arrondissement de Boulogne-sur-Mer (Pas-de-Calais).

Sa Majesté de le vouloir deschargé de la contribution qu'elle demande, la terre de Licq aiant esté pillée et bruslée l'année dernière par les Espagnols au moien de quoy il ne peut rien touchèr de ses tenanciers et qu'il est prest à suivre la volonté du roy.

Dame Anne Le Comte[1], femme du sieur de Clanleux[2],

Dit pour Claude d'Urre, sieur de Maizerac[3], son beau-père, qui est gentilhomme ordinaire de Sa Majesté, aagé de soixante et tant d'années, qu'il a passé toute sa vie dans le service et qu'il s'offre de servir Sa Majesté en tous les emplois quy luy plaira, mais pour des biens il n'en a pas au païs de Monstrœuil que quelques fiefs, terres et maison de 750[b], sur quoy ses enffants ont la moictié et deux desquels sont au service, l'un capitaine et l'autre lieutenant au régiment de monsieur le Dauphin et lesquels biens à cause de leur situation en frontière à peine pour l'entretien de ladite, suppliant Sa Majesté de le dispenser de la cottisation du ban et arrière-ban a cause des services que rendent ses deux enffans.

Charles Sublet[4], escuier, sieur de Frémicourt[5],

Dit qu'il est aagé de soixante-cinq à soixante-six ans et qu'a cause de son aage et peu de santé il n'a plus la force de monter à cheval qu'il a cy devant servy en plusieurs qualités quarante à cinquante ans, suplie Sa Majesté de le

1. Anne-Madeleine Le Comte, dame de la vicomté de Saint-Jean et de Beauvoir, mariée en 1672 à Claude d'Urre, seigneur de Clenleu, Maintenay, etc., colonel d'infanterie, fils d'autre Claude, seigneur de Mézerac, et de Marthe d'Ostove.

2. Clenleu, fief tenu du bailliage de Desvres en Boulonnais.

3. Mézerac ou Maizerac en Provence.

4. Peut-être fils de Jean, seigneur de Wilart, sergent-major au régiment de Navarre, et de Barbe Wilart, de Romont.

5. Frémicourt, fief, commune de Buire-le-Sec, arrondissement de Montreuil-sur-Mer (Pas-de-Calais).

vouloir descharger des contributions qu'elle demande pour le ban et..... de ce que les fiefs et terre qu'il possède sont voisins des ennemis et au moien de ce qu'il ne jouist de presque de rien, ses biens estant exposés aux invasions des ennemis, déclarant néanmoins se soubmettre de suivre les ordres que Sa Majesté lui prescrira.

Jean le Noir[1], esculer, sieur de Dignopré[2], maïeur de Monstrœuil.

Dit qu'il est angé de soixante ans, ne faire déclaration de ses biens quy sont de petite valeur et scitués sur la frontière d'Artols, nottament le fief de Dignopré dont il ne reçoit aucune chose non plus que de ses autres biens dans le gouvernement de Monstrœuil, suppliant le roy de le vouloir deschargé de la contribution en considération des services qu'il rend depuis vingt ans en qualité de maïeur de Monstrœuil, qu'il a perdu son fils aisné à la bataille de Senef, cornette dans les cravattes de Gondi et que son fils puisné est lieutenant de la compagnie de monsieur le duc d'Elbeuf, déclarant au surplus qu'il est prest d'obéir aux ordres du roy.

Louis Sublet, escuier de la Humière[3],

Dit qu'il est aagé de soixante ans, qu'il a servy vingt-cinq ans, qu'il a receu plusieurs blessures qu'il le mettent hors d'estat de servir et demeuré estropié, et cessant quoy il seroit prest de se mettre en estat, supplie Sa Majesté de le descharger de la contribution attendu ses longs services et que le sieur de Audringhen son fils est lieutenant dans le régiment d'Anjou de la compagnie de Durant, tout le peu de biens qu'il est possédé est sur la frontière, sa maison

---

1. Fils d'autre Jean Le Noir, seigneur de Dignopré, et de Catherine Hurtrel.

2. Dignopré, fief, commune de Bécourt, arrondissement de Montreuil (Pas-de-Calais).

3. La Humière ?

, d'Augermalle ¹, pillée par les ennemis, les bestiaux, hardres et papiers pris le premier jour de janvier 1675, ses voisins bruslés, déclarant néanmoins se soubmettre au vouloir de Sa Majesté.

René du Bus ², escuier, sieur de Wailly ₃,

Dit qu'il est aagé de cinquante ans et qu'il demeure sur l'Arthois ainsy qu'il le avoict, ayant jouy jusqu'au jourdhuy des privilèges d'Arthois, qu'il seroit prest de servir aiant cy devant esté dans l'employ, n'est qu'il est travaillé de la goutte qu'il le détient au lict assez souvent, et supplie le roy de le deschargé de la contribution en raison des services qu'il a rendu et de ce que ladict terre de Vuailly est de sy petit revenu qu'a peine il en recoit de quoy subsister, tant a raison des bails qu'a cause que depuis ung mois une partie dudit Vuailly a esté bruslé et une autre rue dudit lieu pillé le premier janvier 1675 par un party de mil chevaux, et se soubmettoit aux ordres du roy.

Louis du Bos ⁴, escuier, sieur de la Houspillières ⁵, aagé de cinquante-neuf ans,

Dit qu'il se mettroit en équipage n'estoit son aage et les incommodités causés par les blessures qu'il a receu dans le service, suppliant le deschargé de la contribution tant a cause desdits services qu'a cause qu'il a ses deux enffans dans le service, son aisné lieutenant réformé dans la com-

---

1. Augermalle ?

2. Fils d'autre René du Bus, seigneur de Wailly, Beaucamp, la Salle, Beaucorroy, Villette, etc., et de Jacqueline de Flahault.

3. Wailly, commune, canton et arrondissement de Montreuil-sur-Mer (Pas-de-Calais).

4. Fils de Pierre, seigneur de la Houpillère, demeurant à Puitbéreau, près de Montreuil, et de Françoise Briet, de Domqueurel, sa première femme.

5. Houpillère, fief à Villeroy-en-Vimeu, canton d'Oisemont, arrondissement d'Amiens.

pagnie du Plessier au régiment d'Oral ? et le second
volontaire dans la compagnie de Barestier ? au régiment
de Picardie et de ce que le peu de biens qu'il possède
est dans la frontière, se soubmettant néanmoins d'exécuter
en tout et partout la volonté du roy.

Le présent roole establie par nous Adrien Picquet, esculer,
seigneur de Dourier, conseiller du roy, lieutenant particulier
au bailliage et siège présidial d'Amiens, Antoine de Lestocq,
seigneur de Saleu, procureur du roy audit bailliage, et François de Bacq, greffier civil dudit bailliage.

(Signé) Picquet.

ABBEVILLE

IMPRIMERIE A. LAFOSSE

1910

146

www.ingramcontent.com/pod-product-compliance
Lightning Source LLC
LaVergne TN
LVHW022034080426
835513LV00009B/1042